Yo soy el demonio de Tasmania

Alexis Roumanis

El enriquecido libro electrónico AV² te ofrece una experiencia bilingüe completa entre el inglés y el español para aprender el vocabulario de los dos idiomas.

This AV² media enhanced book gives you a fully bilingual experience between English and Spanish to learn the vocabulary of both languages.

Spanish

English

Navegación bilingüe AV²
AV² Bilingual Navigation

CERRAR
CLOSE

INICIO
HOME

CHANGE LANGUAGE
ENGLISH SPANISH
OPCIÓN DE IDIOMA
LANGUAGE TOGGLE

BACK NEXT
CAMBIAR LA PÁGINA
PAGE TURNING

VISTA PRELIMINAR
PAGE PREVIEW

Yo soy el demonio de Tasmania

En este libro, aprenderás sobre

- mí
- mi comida
- mi casa
- mi familia

¡y mucho más!

Yo soy un demonio de Tasmania.

Mis manchas blancas
y negras me ayudan
a ocultarme de los
demás animales.

6

**Puedo correr casi
tan rápido como
un humano.**

Cuando era bebé estuve en la bolsa de mi mamá.

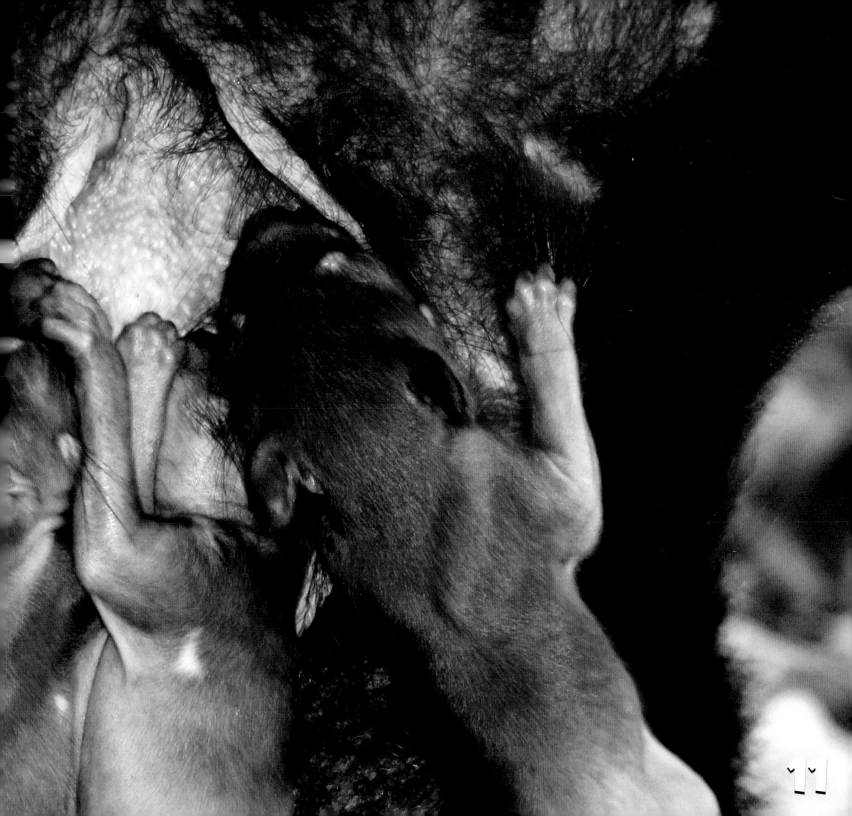

Soy muy buen nadador.

Puedo comer casi la mitad de mi peso.

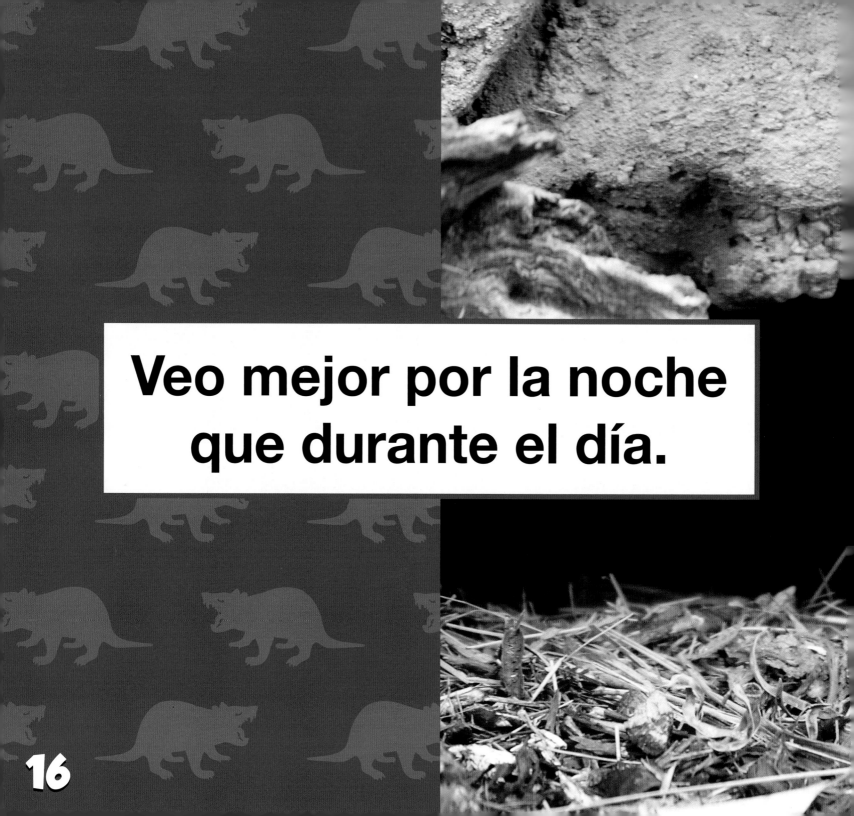

Veo mejor por la noche que durante el día.

16

Tengo garras que me ayudan a trepar a los árboles.

Vivo en la isla de Tasmania.

Yo soy un demonio de Tasmania.

DATOS SOBRE EL DEMONIO DE TASMANIA

Estas páginas contienen más detalles sobre los interesantes datos de este libro. Están dirigidas a los adultos, como soporte, para que ayuden a los jóvenes lectores a redondear sus conocimientos sobre cada sorprendente animal presentado en la serie *Yo soy*.

Páginas 4–5

Yo soy un demonio de Tasmania. Los demonios de Tasmania son los marsupiales carnívoros más grandes del planeta. Están muy emparentados con los cuoles. Los demonios de Tasmania pueden llegar a tener una altura de 12 pulgadas (30 centímetros) parados y pesar unas 26,5 libras (12 kilogramos).

Páginas 6–7

Mis manchas blancas y negras me ayudan a ocultarme de los demás animales. Los demonios de Tasmania son negros con manchas blancas en el pecho, los costados y la cola. Casi el 5 por ciento de los demonios de Tasmania no tiene ninguna mancha blanca. Entre los que sí las tienen, no hay dos que sean iguales. El dibujo de sus manchas blancas y negras ayuda al demonio de Tasmania a camuflarse en su entorno.

Páginas 8–9

Puedo correr casi tan rápido como un humano. El demonio de Tasmania puede correr a más de 22 millas (35 kilómetros) por hora, mientras que el humano más rápido puede llegar a una velocidad de 27 millas (43,5 kilómetros) por hora. Los demonios de Tasmania pueden correr varios kilómetros a 6 – 7,5 millas (10-12 kilómetros) por hora. Usan esta resistencia para perseguir a animales heridos por largas distancias.

Páginas 10–11

Cuando era bebé estuve en la bolsa de mi mamá. Las mamás de demonio de Tasmania paren unas 20 crías, pero solo tienen lugar para cuatro en su bolsa. La madre lleva a sus bebés en su bolsa hasta los cuatro meses. Las crías se quedan junto a su madre hasta aproximadamente los nueve meses. Los demonios de Tasmania viven entre 7 y 8 años.

Páginas 12–13

Soy muy buen nadador.

Soy muy buen nadador. Los demonios de Tasmania tienen membranas entre sus dedos. Esto los ayuda a nadar con facilidad en ríos anchos y caudalosos. Los demonios de Tasmania nadan como los perros, pataleando con sus patas delanteras. Si un río se interpone en el camino de un demonio de Tasmania, es más probable que lo cruce nadando a que lo rodee caminando. Cuando hace calor, los demonios de Tasmania suelen nadar para refrescarse.

Páginas 14–15

Puedo comer casi la mitad de mi peso.

Puedo comer casi la mitad de mi peso. El demonio de Tasmania es carnívoro. Come insectos, peces, lagartijas, aves y otros animales. El demonio de Tasmania puede comer el 40 por ciento de su peso corporal en 20-30 minutos. Tienen un excelente sentido del olfato y pueden detectar animales heridos o muertos desde muy lejos. Cazan solos pero se reúnen alrededor de los animales grandes y los comen juntos.

Páginas 16–17

Veo mejor por la noche que durante el día.

Veo mejor por la noche que durante el día. El demonio de Tasmania no puede ver los colores, solo ve en blanco y negro. Muchos de los animales que solo ven en blanco y negro ven mejor en la oscuridad. La vista del demonio de Tasmania depende también del movimiento. Pasan gran parte de su tiempo observando el movimiento de los demás animales.

Páginas 18–19

Tengo garras que me ayudan a trepar a los árboles.

Tengo garras que me ayudan a trepar a los árboles. Los ancestros del demonio de Tasmania eran trepadores de árboles. Sus miembros delanteros le sirven para aferrarse a las ramas, mientras que los traseros son útiles para trepar. Los demonios de Tasmania jóvenes suelen treparse a los árboles para ocultarse de otros animales.

Páginas 20–21

Vivo en la isla de Tasmania.

Yo soy un demonio de Tasmania.

Vivo en la isla de Tasmania. Yo soy un demonio de Tasmania. El demonio de Tasmania solo vive en la isla de Tasmania. Los agricultores solían matarlos hasta que se los comenzó a proteger en 1941. En 2001, los demonios de Tasmania sufrieron una enfermedad que redujo su población a la mitad. Actualmente, el demonio de Tasmania se encuentra en la lista de especies en peligro de extinción.

¡Visita www.av2books.com para disfrutar de tu libro interactivo de inglés y español!

Check out www.av2books.com for your interactive English and Spanish ebook!

Paso la mayor parte del tiempo en los árboles. Hasta duermo en los árboles.

1 **Entra en www.av2books.com**
Go to www.av2books.com

2 **Ingresa tu código**
Enter book code

U327746

3 **¡Alimenta tu imaginación en línea!**
Fuel your imagination online!

www.av2books.com

Published by AV² by Weigl
350 5ᵗʰ Avenue, 59ᵗʰ Floor New York, NY 10118
Website: www.av2books.com   www.weigl.com

Copyright ©2016 AV² by Weigl
All rights reserved. No part of this publication may be reproduced, stored in a retrieval system, or transmitted in any form or by any means, electronic, mechanical, photocopying, recording, or otherwise, without the prior written permission of the publisher.

Library of Congress Control Number: 2014950015

ISBN 978-1-4896-2817-6 (hardcover)
ISBN 978-1-4896-2818-3 (single-user eBook)
ISBN 978-1-4896-2849-7 (multi-user eBook)

Printed in the United States of America in North Mankato, Minnesota
1 2 3 4 5 6 7 8 9 0 18 17 16 15 14

112014
WEP020914

Project Coordinator: Jared Siemens
Spanish Editor: Translation Cloud LLC
Art Director: Terry Paulhus

Weigl acknowledges Getty Images as the primary image supplier for this title.